AF220573

So lebt

Augsburg

*Der perfekte Reiseführer für einen unvergessli-
chen Aufenthalt in Augsburg inkl. Insider-Tipps
und Packliste*

Kathrin Mössinger

Alle Ratschläge in diesem Buch wurden sorgfältig erwogen und geprüft. Eine Garantie kann dennoch nicht übernommen werden. Eine Haftung für jegliche Personen-, Sach- und Vermögensschäden ist daher ausgeschlossen. Die Benutzung dieses Buches und die Umsetzung der darin enthaltenen Informationen erfolgt ausdrücklich auf eigenes Risiko.

Alle Rechte, insbesondere das Recht der Vervielfältigung und Verbreitung der Übersetzung, vorbehalten. Kein Teil des Werkes darf in irgendeiner Form (durch Fotokopie, Mikrofilm oder ein anderes Verfahren) ohne schriftliche Genehmigung reproduziert oder unter Verwendung elektronischer Systeme gespeichert, verarbeitet, vervielfältigt oder verbreitet werden.

✈ INHALT

Das erwartet Sie in diesem Buch

In diesem kleinen Reiseführer möchte ich Sie mit auf eine Reise quer durch das schöne Augsburg, die heimliche Hauptstadt Schwabens, nehmen. Erfahren Sie zuallererst, wo Augsburg überhaupt liegt und wo Sie sich nach einem Hotel umschauen können, bevor ich Ihnen kurz etwas zu Augsburgs Entstehung und seiner Geschichte erzählen möchte. Es folgt eine kurze Erklärung zu den klassischen Sehenswürdigkeiten der Stadt, wie dem Rathaus, der Fuggerei und dem Perlachturm. Auch einige besonders sehenswerte Kirchen und Museen habe ich für Sie mit einer kurzen Information hineingepackt. Weiterhin möchte ich Ihnen kurz einen Einblick in das Augsburger Staatstheater geben und Ihnen die verschiedenen Spielstätten aufzeigen. Natürlich finden Sie auch Informationen zum Augsburger Zoo und zum Botanischen Garten sowie zur Augsburger Fußgängerzone und zu anderen Einkaufsmöglichkeiten in diesem Führer. Ebenfalls sind verschiedene Locations enthalten, wo sich das Augsburger Nachtleben abspielt. Ich möchte als Nächstes auf die zahlreichen Stadtführungen hinweisen, die Sie in und um Augsburg herum erleben können, zu ganz unterschiedlichen Themen, wie zum Beispiel Augsburgs Wasserwelt oder unter dem Slogan „Das Augsburg der Henker und Huren". Wussten Sie, dass Sie in Augsburg auch eine Stadtführung mit dem Taxi erleben können? Für die Sportbegeisterten unter Ihnen stelle ich die Stadien des Augsburger Spitzensports vor und gebe Ihnen Informationen an die Hand, wo Sie selbst sich sportlich betätigen können. Es folgt eine Erklärung, warum Augsburg einen UNESCO-Welterbe-Titel trägt und schließlich eine kleine Aufzählung der zahlreichen Parks in und um

Augsburg und der Bademöglichkeiten im Grünen, die Sie im Sommer nutzen können. Zu guter Letzt gebe ich Ihnen verschiedene Feste, Märkte und Veranstaltungen mit auf den Weg und erzähle Ihnen im letzten Kapitel noch etwas über mein ganz privates Augsburg und die Brauerei Riegele. Nun wünsche ich Ihnen viel Spaß mit diesem Reiseführer und hoffe, in Ihnen die Lust auf einen Trip nach Augsburg entfachen zu können.

Fuggerstadt und Heimat der Zirbelnuss

WO & WAS – AUGSBURG

In diesem Führer finden Sie Informationen rund um die Stadt Augsburg. Beginnen wir damit, wo Sie Augsburg finden können: Augsburg ist eine kreisfreie Großstadt im Südwesten Bayerns. Sie ist Regierungssitz des Bezirks Schwaben und zählt nach München und Nürnberg die größte Einwohnerzahl, ist also die drittgrößte Stadt Bayerns.

Außerdem trägt sie den Titel Universitätsstadt und hat 1997 die Auszeichnung als „Grünste und lebenswerteste Stadt Europas" erstanden. Augsburg zieht damit nicht nur Studenten an, sondern ist ein attraktives Wohngebiet für Leute jeden Alters. Durch die direkte Anbindung an die Autobahn A8 ist Augsburg eine beliebte und belebte Handelsstadt und seine Bewohner sind nur einen Katzensprung von den größeren Metropolen München und Stuttgart entfernt.

DIE ANREISE NACH AUGSBURG

Augsburg ist bequem mit Bahn oder Auto zu erreichen. Einen kleinen Flughafen gibt es zwar, dieser ist aber fast ausschließlich für Segelflugzeuge und Privatleute in Gebrauch. Zwar landet dort auch ab und zu die Bundeskanzlerin, aber ansonsten ist Augsburgs Flughafen eher den Hobby-Fliegern überlassen. Dafür ist der Hauptbahnhof sehr gut ausgebaut und es gibt regelmäßig fahrende Züge zu sämtlichen Metropolen Deutschlands. Auch die Anreise mit dem Auto ist sehr einfach möglich. Augsburg liegt direkt an der Autobahn A8 zwischen München und Stuttgart, Sie können die Stadt gar nicht verfehlen!

DER AUGSBURGER

Klischees behaupten, der Augsburger sei grummelig und schlecht gelaunt. Bei uns heißt das auch „grantig". Sie sollen außerdem kleinkariert und engstirnig sein. Aber was ist wirklich dran?

Augsburger sind höflich, vielleicht etwas verschroben, aber lebensfroh. So wie in allen Städten auch, sind sie manchmal hektisch, in sich gekehrt und verschlossen. Jeder ist für sich unterwegs. Ich könnte Ihnen jetzt erzählen, dass all diese Klischees an den Haaren herbeigezogen sind, doch davon dürfen Sie sich gerne selbst überzeugen. Augsburg ist eine freundliche Stadt, die manchmal hektisch sein kann – wie jede Großstadt. Doch es gibt so viel bei uns zu entdecken, was Ihnen zeigen wird, dass die Augsburger eigentlich ein nettes Völkchen sind und ein Lächeln haben die Augsburger auf jeden Fall immer auf den Lippen.

Ach, und wir können auch mehr, als nur Maultaschen kochen, auch wenn die Maultaschen ein beliebtes Gericht im Augsburger Land sind.

GRÜNDUNG & GESCHICHTLICHER KURZABRISS

Aelium Augustum war einst eines der größten Legionslager der Römer nördlich der Alpen. Im Jahr 15 vor Christus gab Kaiser Augustus seinen Stiefsöhnen Drusus und Tiberius den Auftrag, dort, wo sich heute der Stadtteil Augsburg Oberhausen befindet, dieses Legionslager zu errichten. Im ersten Jahrhundert nach Christus entstand um das Lager herum eine Siedlung, die den Namen Augusta Vindelicum trug und im Jahr 121 n. Chr. durch Kaiser Hadrian das römische Stadtrecht verliehen bekam. Dies macht Augsburg zu einer der ältesten Städte Deutschlands.

Am 9. März 1276 wurde Augsburg die Reichsunmittelbarkeit verliehen, was bedeutet, dass die Stadt keiner anderen Regierung unterlag als der des Kaisers höchstpersönlich. Augsburg entwickelte sich daraufhin zu einer florierenden Handelsstadt, was auch an der guten Verkehrsanbindung durch die alten römischen Straßen lag. In dieser Zeit entwickelten sich viele Handwerkszünfte und die großen Handelsfamilien stritten um das Vorrecht in Augsburg.

Um das Jahr 1468 herum, als Günther Zainer nach Augsburg zog, begann der Buchdruck zu florieren, und Augsburg zählte Ende des 15. und Anfang des 16. Jahrhunderts zu den bekanntesten Verlagsorten in ganz Europa. Auch heute noch gibt es große Verlagshäuser, die in Augsburg ansässig sind.

Martin Luther, der protestantische Reformator der katholischen Kirche, besuchte Augsburg aus einem mehr oder weniger guten Grund. Nach dem Reichstag zu Augsburg wurde Luther 1518 zur Verhandlung mit Kardinal Cajestan geladen. Er verweigerte jedoch vehement den Widerruf seiner Thesen und musste in der Nacht vom 19. zum 20. Oktober heimlich aus der Stadt fliehen, wobei ihm der Bürgermeistersohn Christoph Langenmantel half, indem er ihn durch eine geheime Pforte in der Stadtmauer führte. So entkam Luther seiner Verhaftung und die Reformation nahm ihren bekannten Lauf.

Zu dieser Zeit wurde auch die Fuggerei gegründet, die erste Sozialsiedlung der Welt. Hierzu finden Sie gleich im nächsten Abschnitt nähere Informationen sowie auch im Kapitel „Klassische Sehenswürdigkeiten" unter dem Punkt: Fuggerei.

ZEIT DER FUGGER

1367 zog Hans Fugger aus Graben nach Augsburg. Dies sollte der Beginn einer der erfolgreichsten Handelsfamilien Augsburgs sein. Ende des 14. Jahrhunderts florierte sein Handel mit bayerischem Leintuch, welches er als „Weber-Verleger" von bayerischen Webern kaufte und in Deutschland verkaufte sowie bis nach Italien exportierte.

Unter seinem Sohn Jakob Fugger (der Ältere) wuchs die Handelsmacht der Familie Fugger stetig und auch in anderen Bereichen machten sich die Fugger verdient. So stieg die gesamte Familie bis in den Hochadelsstand auf, einige wurden Fürstbischöfe, andere hatten hohe Staats- und Kirchenämter inne. Wieder andere gründeten Stiftungen, wie die Fuggerkapelle in der Kirche St. Anna – und eben auch die Fuggerei.

Die Fuggerei gilt als älteste bestehende Sozialsiedlung der Welt. Gestiftet von Jakob Fugger im Jahre 1521, besteht die Siedlung, die abgeschlossen mitten in Augsburg liegt, aus 140 Wohnungen in 67 Häusern. Dort leben bedürftige Augsburger Bürger, allerdings nur unter bestimmten Bedingungen. Beispielsweise müssen sie den katholischen Glauben haben und täglich ein Vaterunser, ein Glaubensbekenntnis und ein Ave Maria für den Stifter und die Familie Fugger sprechen. Die Jahreskaltmiete für eine Wohnung in der Fuggerei beträgt 0,88 Euro. Unterhalten wird die Fuggerei bis heute aus dem Stiftungsvermögen des Gründers Jakob Fugger.

WAS IST DIE ZIRBELNUSS?

Vielleicht haben Sie schon einmal von der Augsburger Zirbelnuss gehört, von dem Zapfen, der das Wappen der Stadt ziert und der überall in Augsburg zu finden ist. Aber was genau ist nun die Zirbelnuss und welche Bedeutung wohnt ihr inne?

Als aufrechtstehender Zapfen bildet die Zirbelnuss das Zentrum des Augsburger Stadtwappens und ist vielerorts in der Altstadt für den aufmerksamen Beobachter zu finden. Ob gemalt, gemeißelt, gegossen oder andersartig dargestellt – die Zirbelnuss ist allgegenwärtig in Augsburg und ziert auch die beiden Giebelspitzen des Rathauses.

Die Zirbelnuss kam mit den Römern nach Augsburg – oder wenn Sie sich an die Entstehung der Stadt erinnern, war die Zirbelnuss schon Teil des

Heerlagers Aelium Augustum. Sie gilt als Fruchtbar-keitssymbol und als Symbol der Unsterblichkeit. Dies hat Augsburg sich erhalten und die Augsburger sind stolz auf „ihre" Zirbelnuss.

Essen & Schlafen in Augsburg

W as wäre ein Reiseführer ohne einen Haufen Restaurant-Tipps? Und in Augsburg gibt es wirklich eine Menge Läden, die ich Ihnen empfehlen würde. Allerdings kenne ich eine hervorragende Internetseite, auf der die besten der besten Läden bereits abgebildet sind. Unter hallo-augsburg.de finden Sie Sushi-Restaurants, Suppen, vegane oder vegetarische Alternativen, aber auch die Klassiker wie Pizza-Restaurants (l'osteria), Nudeln, Steakhäuser, Dönerläden, die besten Augsburger Currywurst-Geschäfte und viele mehr. Da ist wirklich für jeden etwas dabei, von Falafel (Imbiss: Kichererbse) bis Bayerische Hausmannskost!

Gut Essen in Augsburg!

www.hallo-augsburg.de/restaurants-augsburg-diese-restaurants-in-augsburg-solltet-ihr-unbedingt-testen_TXX

Ob im Stadthotel, im Lechpark-Hotel, im Dom-Hotel oder doch lieber in einer Privatwohnung oder Ferienwohnung – Augsburg hat für alle die passende Unterkunft. Sie können wählen zwischen nobleren Unterkünften, wie dem Hotel „Zu den drei Mohren" direkt an der Maxstraße, oder einfacheren Herbergen. Auch Privatwohnungen, Ferienunterkünfte und Campingmöglichkeiten gibt es in Augsburg. Alle finden Sie auf der Tourismus-Seite der Stadt Augsburg für Sie zusammengestellt. Da werden Sie auf jeden Fall fündig werden.

Gut Schlafen in Augsburg!

www.augsburg-tourismus.de/de/uebernachten

Klassische Sehenswürdigkeiten

In diesem Kapitel wird auf die Sehenswürdigkeiten eingegangen, die klassisch als sehenswert bezeichnet werden. Freuen Sie sich auf das Rathaus, die Fuggerei oder die Maximilianstraße (kurz Maxstraße genannt).

DAS AUGSBURGER RATHAUS

Als Gebäude der Renaissance wurde das Augsburger Rathaus im Jahr 1624 errichtet. Es befindet sich im Herzen Augsburgs am Rathausplatz, der auch ganz in der Nähe der Annastraße liegt, der Fußgängerzone Augsburgs. Der Platz bildet das Herz der Altstadt. Im Sommer finden Sie viele Cafés und Lokale dort, die ihre Tische nach draußen verlegen, um Ihnen beim Schlemmen etwas Sonne zu bieten. Im Winter schließlich findet Augsburgs berühmter Christkindlesmarkt auf dem Areal statt. Regelmäßig gibt es außerdem Führungen durch das Rathaus, die nicht nur die Geschichte des Gebäudes, sondern auch seine Architektur und die schmuckvolle Innengestaltung mit Deckengemälden darstellen.

DER PERLACHTURM

Auch der Perlachturm ist auf dem Rathausplatz zu finden, errichtet wurde er allerdings schon deutlich früher als das Rathaus, nämlich im Jahr 989. Damals war seine Funktion die eines Wehrturmes. Sein heutiges Erscheinungsbild erhielt er von Elias Holl zwischen 1612 und 1618. Auf die Höhe von 70 Metern wurde er ebenfalls erst in dieser Zeit aufgestockt. Von unten zur Aussichtsplattform erwarten Sie 258 Stufen. Sehen Sie eine gelbe Fahne am Perlachturm, so schwingen Sie sich auf jeden Fall in die luftige Höhe hinauf – denn dies ist das Zeichen für die Wetterlage Föhn. Unter diesen Bedingungen können Sie bis zu den Alpen blicken.

Zur vollen Stunde 11, 12, 17 und 18 jeden Tages erklingt ein Glockenspiel aus 35 Glocken, welches deutsche Volkslieder oder Stücke von Mozart spielt. Ein Figurenspiel gibt es auch – allerdings nur einmal im Jahr: am 29. September.

Übrigens steht eine kleine Version des Perlachturmes auch in Japan, genauer in der Stadt Amagasaki, die als Partnerstadt Augsburgs diesen Mini-Perlachturm errichtet hat.

DIE FUGGEREI

Der Eingang zur Fuggerei ist in der Jakoberstraße zu finden. Jakob Fugger gründete die weltweit erste Sozialsiedlung – auch im Namen seiner beiden verstorbenen Geschwister – als eine Art Abbitte, um seine eigenen Sünden noch im Leben zu sühnen, um vor der Hölle verschont zu bleiben. Auch die Verpflichtung, die den Bewohnern auferlegt wurde, dreimal am Tag ein Gebet zu sprechen, sollte dazu beitragen, ihm selbst den Weg in den Himmel zu ermöglichen. Ein rheinischer Gulden beträgt die Jahresmiete – dies entspricht heute in etwa einem Euro.

Die Fuggerei wird vollständig von Mauern umschlossen und bildet sozusagen eine abgeschlossene Stadt innerhalb der Stadt. Besichtigungen sind möglich und gerne gesehen. Es gibt geführte Touren durch die Fuggerei. Beachten Sie, dass die Fuggerei einen geringen Beitrag erhebt für das Betreten des Geländes. Und wenn Sie schon einmal dort sind, vergessen Sie nicht das Fuggereimuseum in der Mittleren Gasse (Haus 14). Auch heute noch leben bedürftige, katholische Augsburger Bürger in der Fuggerei. Es gibt eine lange Warteliste und die Stiftung der Fugger, die sich um den Erhalt der Fuggerei kümmert, wählt die Bewohner sorgfältig aus.

Natürlich wohnten die Fugger selbst nicht in der Sozialsiedlung, sondern im Fuggerschen Stadtpalast in der Maximilianstraße. Diese Häuser entstanden zwischen 1512 und 1515. Im Sommer finden Sie im öffentlich zugänglichen Innenhof, der den Titel

„Damenhof" trägt, ein nettes kleines Restaurant. Dort lässt sich abseits des Trubels der Maxstraße das Essen hervorragend genießen.

DAS ROTE TOR

Als Teil der ehemaligen Stadtbefestigung ist das Rote Tor das einzige Überbleibsel der Stadtmauer, die im 19. Jahrhundert ansonsten vollständig abgetragen wurde. Heute brauchen es die Augsburger natürlich nicht mehr, um ihre Stadt zu schützen – stattdessen befindet sich am Roten Tor im Sommer eine große Freilichtbühne, auf der regelmäßig professionell inszenierte Theaterstücke aufgeführt werden. Auch ein Kräutergarten findet sich am Roten Tor und Überbleibsel der Augsburger Aquädukte und Wassertürme, die Teil des UNESCO-Welterbes sind. Hierzu finden Sie in den Kapiteln „Stadtführungen" und „Augsburg und das Wasser" nähere Informationen.

DAS ZEUGHAUS

Am Zeugplatz 4 finden Sie das Zeughaus. Als Zeughaus wird ein Gebäude bezeichnet, welches militärische Ausrüstungsgegenstände und Waffen lagerte. Das Zeughaus in Augsburg war eigentlich als Kornhaus errichtet worden, wurde aber während interner Unruhen 1584 (dem sogenannten Kalenderstreit) umfunktioniert zum neuen Zeughaus. Mehrfach umgebaut und erweitert, wurde das Zeughaus zwischen 1602 und 1607 vom damals noch jungen Elias Holl vollendet und in seine heutige Form gebracht. 1965 wurde zum Schutz des Zeughauses eine Bürgerinitiative „Rettet das Zeughaus" gebildet, welche das alte Gebäude vor einer Entkernung rettete. So blieb unter anderem auch die Toskanische Säulenhalle erhalten, die heute Kunstausstellungen beherbergt (mehr dazu weiter unten im Kapitel „Museen und Theater").

Heute befindet sich unter anderem ein Restaurant im Zeughaus, die Zeughausstuben, welche im Sommer auch einen Biergarten im dazugehörigen Innenhof unterhalten. Das Zeughaus wird gern als „Bildungs-, Begegnungs- und Veranstaltungsort" bezeichnet. Hier finden neben den Kunstausstellungen in der Toskanischen Säulenhalle auch Seminare und Filmvorführungen statt.

DAS GASWERK AUGSBURG

Im Stadtteil Oberhausen wurde das Gaswerk 1915 in Betrieb genommen. Stillgelegt wurde es im Jahr 2001. Seitdem ist das acht Hektar große Gelände für andere Zwecke in Gebrauch. Es gibt einen Verein (die Gaswerkfreunde Augsburg e.V.), der einen Ausstellungsraum errichtete, um die Geschichte der Gaswerke zu erhalten. Die Gebäude stehen heute allesamt unter Denkmalschutz und durch die nahezu vollständige Erhaltung aller Gebäude, Gaskessel und Nebengebäude bildet das Gaswerk ein erstaunliches Denkmal für die Geschichte. Aber auch andere kulturelle Veranstaltungen finden auf dem Gelände statt, wie zum Beispiel Festivals und Ausstellungen. 2019 wurde die Brechtbühne eröffnet, als Spielstätte des Staatsmuseums Augsburg (weitere Informationen finden Sie im Kapitel „Museen und Theater").

MAXSTRAßE

Eigentlich Maximilianstraße bezeichnet, kennen die Augsburger diese Straße nur als „Max-Straße". Jeder weiß, was gemeint ist, wenn man über die Clubs und Lokale entlang der Maxstraße spricht. Hier reiht sich eine Disco an die nächste. Doch nicht nur für Nachtschwärmer ist die Maxstraße ein beliebtes Ziel. Tagsüber öffnen die Restaurants und Cafés ihre Pforten, Einkaufsmöglichkeit reiht sich an Einkaufsmöglichkeit und auch kunsthistorisch gehört die Maxstraße in der Augsburger Altstadt zu den bedeutsamsten Straßen Süddeutschlands.

Der nördliche Abschnitt, vom Rathaus bis zum Merkurbrunnen, liegt auf der Via Claudia Augusta, der alten Römerstraße, die vom Heerlager Augusta Vindelicum (Sie erinnern sich vielleicht an das Kapitel „Gründung & geschichtlicher Kurzabriss") bis nach Oberitalien führte. Diese Via Claudia Augusta war eine bedeutende Handelsroute und auch einer der Gründe für die Wichtigkeit Augsburgs und für seine weitere wirtschaftliche Entwicklung zu einer bedeutenden Handelsstadt.

Prinzipiell ist die heutige Maxstraße weiterhin aus einer Aneinanderreihung von Plätzen entstanden. Nachdem die Via Claudia Augusta abbog gen Süden, passierte man vom Rathaus aus auf dem Weg zur Kirche St. Ulrich und Afra den Merkurbrunnen, dann den Brotmarkt, den Holzmarkt und den Weinmarkt. Um das 16. Jahrhundert herum siedelten sich wichtige Handelsfamilien, wie beispielsweise auch die Fugger, um den Weinmarkt herum an. Die Fuggerhäuer entstanden sowie das Schaezlerpalais und auch Augsburgs gehobenstes, palastartiges Hotel, das „Zu den drei Mohren". Klassisch sind die schmalen, zur Straße gerichteten Fassaden und die weite Erstreckung der Häuser nach hinten weg. Dies hatte mit den extrem hohen Preisen für Bauplätze an der Maxstraße zu tun. Dafür besitzen viele dieser Gebäude schöne und teils weitläufige Innenhöfe.

Erst 1957 bekam der Komplex aus Straße und Plätzen, der nun seine endgültige Form angenommen hatte, seinen Namen: Namenspatron war Kaiser Maximilian I.

Kirchen

Kleinere Kirchen sind überall in Augsburg zu finden. Hier möchte ich Ihnen die größeren Gotteshäuser vorstellen, die auch alle ihre persönliche Geschichte haben.

SYNAGOGE

Die Synagoge als Gotteshaus der jüdischen Gemeinschaft in Augsburg floriert. Das Gotteshaus überstand das Regime der Nationalsozialisten nahezu unbeschadet und zählt damit zu einer Minderheit der Synagogen in Europa. Errichtet wurde sie im

Jugendstil. Im Zentrum des quadratischen Bauwerks spannt sich eine 29 Meter hohe Kuppel über die Besucher. Auch heute noch finden regelmäßig Gottesdienste in der Synagoge statt.

KATHOLISCHE KIRCHEN

Drei alte, große katholische Kirchen gibt es in Augsburg. Vor der Reformation waren es fünf, dazu weiter unten mehr.

Da wäre zuerst einmal der Hohe Dom zu Augsburg, der im Hohen Weg zu finden ist. Das Gebäude wurde im 11. Jahrhundert errichtet, aber immer wieder umgebaut und erweitert. Den Zweiten Weltkrieg überstand der Dom nahezu unbeschadet und ist heute noch aktiv für Gottesdienste im Gebrauch. Besichtigt werden kann der Dom außerhalb der Gottesdienstzeiten.

Die Basilika St. Ulrich und Afra finden Sie am Ulrichsplatz. Vollendet wurde sie im Jahre 1603. In der Unterkirche wurden die Gebeine der Bistumsheiligen Ulrich und Afra zur letzten Ruhe gebettet. Es wird von einigen Historikern die Ansicht vertreten, dass die Heilige Afra nur aufgrund eines

Schreibfehlers eine Frau geworden ist und damit ursprünglich ein Mann war.

Die letzte der drei katholischen Kirchen bildet in meiner Aufzählung die Moritzkirche. Zu finden ist sie am Moritzplatz mitten in der Fußgängerzone. Wenn man die Kirche auf der anderen Seite verlässt, gelangt man direkt auf die Maxstraße und blickt auf den Merkurbrunnen. Als Ort der Ruhe innerhalb des täglichen Trubels engagiert sich die Gemeinde der Moritzkirche aktiv in der Seelsorge.

EVANGELISCHE KIRCHEN

Die St. Anna-Kirche in der Annastraße wurde ursprünglich als katholisches Karmelitenkloster gebaut. Dies ist bei vielen älteren Kirchen der Fall, die bis zur Reformation zum katholischen Glauben gehörten, dann aber zum evangelischen Glauben reformiert wurden. 1518 wohnte Martin Luther für eine kurze Zeit dort, um einen römischen Gesandten, Kardinal Cajestan, zu treffen, um seine Thesen zu widerrufen. Sie haben ja weiter oben schon erfahren, dass Luther dies verweigerte und von einem Freund, der übrigens Mitglied des Karmeliterordens war, aus der Stadt geschmuggelt wurde.

Die zweite evangelische Kirche ist die Barfü-ßerkirche in der Barfüßerstraße. Früher gehörte auch sie zur katholischen Gemeinde, in diesem Falle zu einem Franziskanerkloster. Die Kirche wurde im Zweiten Weltkrieg schwer zerstört. Heute zählt sie zu den wichtigsten Mahnmälern für die Bedrohung dieser Zeit, da sie niemals vollständig wiederaufgebaut wurde und so als eindrucksvoller Zeitzeuge die Zerstörung widerspiegelt.

Museen und Theater

F ür Kulturbegeisterte hat Augsburg eine Reihe interessanter Museen zu bieten.

TIM

Provinostraße 46

Was sich anhört, wie ein einfacher Jungenname, ist die Kurzbezeichnung des Staatlichen Textil- und Industriemuseums Augsburg. Es befindet sich in der

Nähe der City Galerie und des Industriegebiets Martini-Park, genauer in der Provinostraße 46. Gegründet wurde die Kammgarnspinnerei 1838 und gilt als erster großer Industriebetrieb. Sie wuchs zur größten Spinnerei in Deutschland und wurde schließlich 2004 stillgelegt. Das Museum selbst wurde am 21.Januar 2010 eröffnet. Sie können dort die Geschichte der Textilherstellung seit dem Mittelalter nacherleben, von der Betrachtung von Webstühlen über die damalige Mode bis hin zu dazugehörenden Geschichten, erzählt von den letzten Augsburger Textilarbeitern. Das tim bietet auch eine Reihe besonderer Veranstaltungen an, die Sie direkt auf der Seite des tim (timbayern.de) einsehen können, beispielsweise ein Kurs für Handlettering, ein Kulturtreffen für Senioren, einen Kurs für Siebdruck für Anfänger und noch vieles mehr.

SCHAEZLERPALAIS

Maximilianstraße 46

Benedikt Adam Liebert, ein Bankier aus Augsburg, errichtete den Palais zwischen 1765 und 1770. Das

Gebäude selbst ist bereits durchaus sehenswert, so ist der Rokoko-Saal ausgestattet mit einem Deckengemälde von Gregorio Guglielmi. Zusätzlich ist die Deutsche Barockgalerie im Gebäude untergebracht und präsentiert ca. 100 Gemälde aus der Zeit des 17. und 18. Jahrhunderts. Die Stiftung Haberstock präsentiert ebenfalls ihre Kunstsammlung hier. Die Staatsgalerie in der Katharinenkirche ist übrigens ebenfalls über den Palais zugänglich. Eine Besonderheit sind die „Schaezler-Bienen", eine Bienenzucht im Garten des Bauwerks. Den Honig können Sie im Museumsshop käuflich erwerben. Zu finden ist der Schaezlerpalais in der Maximilianstraße 46.

RÖMISCHES MUSEUM

Zeugplatz 4

Als altes Heerlager der Römer liegt es nahe, dass Augsburg auch ein Römisches Museum besitzt. Dort werden Fundstücke ausgestellt, die aus der Vorgeschichte, der frühgeschichtlichen und frühmittelalterlichen Epoche stammen. Natürlich fokussiert sich das Römische Museum vor allem auf Fundstücke, die in und um Augsburg entdeckt wurden und die das Leben der Römer in diesem Areal darstellen. Eröffnet wurde das Museum 1966, die erste Institution, das Antiquarium Romanum, gab es aber bereits seit 1822. Das Museum musste 2012 seine Pforten auf unbestimmte Zeit schließen und verpackte alle Exponate in Kisten. Dies ist der Grund, warum Sie heute die Ausstellungsgegenstände im Zeughaus, am Zeughausplatz 4, finden. Dort wurde sozusagen ein Römerlager errichtet – „das Römische Augsburg in Kisten". In den letzten Jahren gab es Römerfeste, die vom Römischen Museum ausgerichtet wurden, um die Augsburger und Augsburger Besucher an die Vergangenheit ihrer Stadt zu erinnern. Diese Feste werden meist über Facebook angekündigt.

MAXIMILIANMUSEUM

Fuggerplatz 1

Zu finden am Fuggerplatz 1 ist das nach König Maximilian II. benannte Museum das älteste städtische Museum, errichtet 1855 in den zwei Stadtpalästen der Augsburger Kaufleutedynastien. Sie finden

Beispiele verschiedener Kunsthandwerke, wie der Goldschmiedekunst. Auch wissenschaftliche Instrumente, Uhren und Automaten sind im Maximilianmuseum zu finden. Die Stadtgeschichte ist ebenfalls nachzuerleben. All diese Gegenstände und Geschichten stammen aus reichsstädtischer Zeit. Augsburg galt damals als Kunstmetropole und zog viele Künstler aus aller Welt an. 2007 erhielt das Maximilianmuseum übrigens den Bayerischen Museumspreis.

TOSKANISCHE SÄULENHALLE

Zeugplatz 4

Die Toskanische Säulenhalle befindet sich im Zeughaus. Früher wurden genau hier Waffen, Kanonen und andere Kriegsgeräte aufbewahrt. Die Säulen, die die Decke der Halle tragen, ordnete Baumeister Elias Holl in toskanischer Ordnung an. Damals wurde diese Art des Baus nur in Funktionsbauten, wie es das Zeughaus war, geduldet, da sie nach den italienischen Architekturschriften der Renaissance als „grob und bäuerlich" galten. Heute befindet sich in der durchaus elegant anmutenden Toskanischen

Säulenhalle eine Galerie. Hier finden immer wechselnde Kunstausstellungen statt. Künstler und Galerien können sich dort für eine Ausstellung einmieten.

BRECHTHAUS

Auf dem Rain 7

Im Geburtshaus von Bertolt Brecht befindet sich heute eine umfassende Ausstellung über den „berühmtesten Sohn Augsburgs". Sie finden das Brechtmuseum im Lechviertel, in der Straße Auf dem Rain 7. Nicht nur Originale, wie Erstausgaben von Brechts Werken, sondern auch Kunstwerke von Caspar Neher, Paul Hamann und Waldemar Grzimek können Sie dort besichtigen. Auch Dokumentarfilme werden gezeigt, um das Leben von Brecht den Besuchern darstellen zu können. Seit einiger Zeit gibt es auch einen Video-Guide, den Besucher auf ihrem Handy einsehen können, während sie das Brechthaus begehen.

BAHNPARK AUGSBURG

Firnhaberstraße 22c

Eine Techniklandschaft aus dem 20. Jahrhundert. Dies ist wohl die Kurzbeschreibung, die den Bahnpark Augsburg am treffendsten bezeichnet. Die Gebäude und Gleisanlagen stammen aus der Zeit der Königlichen Bayerischen Staatseisenbahn und stehen heute allesamt unter Denkmalschutz. An bestimmten Tagen, die Sie direkt auf der Seite des Bahnparks (bahnpark-augsburg.de) erfahren können, fährt eine Mini-Bahn durch das Museumsgelände und zeigt unter anderem die Drehscheibe, die 1922 erbaut wurde und als Herzstück des Bahngeländes gilt. Auch heute noch werden in der Dampflok-Werkstatt Lokomotiven instandgehalten, alles im historischen Gewand. Auch einen Modellbahnbereich gibt es, auf dem ständig 12-16 Züge unterwegs sind und sich unter anderem durch eine kleine Stadt mit über 100 Gebäuden und Autos sowie andere modellierte Bereiche schlängeln. Finden können Sie den Bahnpark in der Firnhaberstraße 22c.

AUGSBURGER PUPPENKISTE

Spitalgasse 15

Das Puppentheatermuseum ist in der Spitalgasse 15, im Heilig-Geist-Spital, zu finden. Das Gebäude ist denkmalgeschützt – doch die meisten Besucher interessieren sich viel mehr für die kleinen, handgefertigten Puppen, die durch ihre Fäden von geschickten Puppenspielern zum vermeintlichen Leben erwachen. Der Gründer Walter Oehmichen, Soldat im Zweiten Weltkrieg, begann schon 1940 damit, seine Soldaten-Kameraden mit dem Puppenspiel zu unterhalten. 1943 schließlich baute er gemeinsam mit seiner Frau den „Puppenschrein", sein erstes eigenes Marionettentheater. Dies wurde allerdings ein Jahr später bei einem Bombenangriff komplett zerstört. Walter Oehmichen gab damit keinesfalls seinen Traum auf, sondern begann nach Kriegsende mit der Planung eines neuen Puppentheaters, welches am 26. Februar 1948 mit dem Märchen „Der gestiefelte Kater" seine Premiere feierte – die Augsburger Puppenkiste war geboren.

Durch viele Fernsehsendungen zu den

Charakteren der Augsburger Puppenkiste wurde diese weit über die Grenzen von Augsburg hinaus bekannt und berühmt und zieht heute noch viele Besucher, ob Kinder oder Erwachsene, in ihren Bann. Regelmäßig finden dort Puppenspiele statt. Den Spielplan und die Preise für die Vorstellungen finden Sie direkt unter: augsburger-puppenkiste.de.

STAATSTHEATER AUGSBURG

Kennedy-Platz 1

Ob Theaterbegeisterte, Liebhaber von Kunst und Kultur oder Philharmonie-Freunde – im Augsburger Staatstheater werden Sie fündig. Alle Informationen zu gezeigten Theaterstücken finden Sie direkt auf der Internetseite des Theaters (staatstheater-augsburg.de). Das Gebäude selbst steht am Kennedyplatz und wurde bereits 1630 von den Augsburger Meistersingern käuflich erworben, die dort sangen und spielten, um das Volk zu unterhalten – damals für die Zuschauer vollkommen kostenfrei. Das Gebäude war in dieser Zeit schon extrem baufällig und eine Reihe von Umbauten und Verkäufen endete schließlich damit, dass das Gebäude komplett neu gebaut wurde.

Das Große Haus wurde am 26. November 1877 eröffnet mit der Oper Fidelio. 1919 wurde das Theater kommunalisiert und am 1. September 2018 schließlich in das heutige Staatstheater umgewandelt. Dieses befindet sich seit 2019 im Umbau, wodurch Ausweichspielstätten bestimmt wurden, die Sie auf der Seite des Theaters finden. Ständige Spielorte sind neben der Freilichtbühne, die sich am Roten Tor befinden, auch die Brechtbühne, welche im Gaswerk zu finden ist. Eröffnet wurde diese Bühne im Januar 2019 und bietet 219 Zuschauern einen Sitzplatz.

Zoo & Botanischer Garten in Augsburg

DER AUGSBURGER ZOO

Brehmplatz 1

Park der deutschen Tierwelt – das war der Name des Augsburger Zoos, als er am 12. Juni 1937 eröffnet wurde. Dies liegt der nationalsozialistischen Ideologie zugrunde, nur die heimische „deutsche" Tierwelt zu präsentieren. Nach Kriegsende wurden schließlich auch exotische, nicht heimische Arten aufgenommen und inzwischen beheimatet der Augsburger Zoo 240 verschiedene Tierarten, viele davon gehören zu gefährdeten Arten. Der Zoo ist in viele Zuchtprogramme verwickelt und fördert so den Erhalt bedrohter Arten.

Der Zoo ist im Alleingang zur Erkundung zugänglich, Sie können aber auch eine Führung buchen oder sich einer der öffentlichen Führungen anschließen. Zu finden ist der Zoo im Stadtgebiet nahe des Siebentischwaldes, genauer am Brehmplatz 1.

DER BOTANISCHE GARTEN

Dr. Ziegenspeck-Weg 10

Im Jahr 1936 entstand der Botanische Garten auf einer Fläche von 1,7 Hektar. Für Pflanzenliebhaber sind heute auf inzwischen 10 Hektar Fläche mehr als 3.100 Pflanzenarten und -sorten zu besichtigen. Auf der Internetseite botanischer-garten-augsburg.de finden Sie viele Impressionen dessen, was Sie im Botanischen Garten erwartet. Ein Highlight des Gartens ist die Schmetterlingsausstellung im Winter. Hierbei können tropische Schmetterlinge in einem extra hierfür hergerichteten Schmetterlingshaus beobachtet werden. Sie finden den Botanischen Garten direkt neben dem Augsburger Zoo. Als Navigationsadresse eignet sich der Dr. Ziegenspeck-Weg 10.

Fußgängerzonen und „Nachtleben"

ANNASTRAßE

Dicht an dicht drängen sich die Läden in der Fußgängerzone Augsburgs. Hier sollten Sie auf alle Fälle fündig werden, egal, nach was genau Sie suchen. Kleidung, Parfum, Bücher, Kosmetik, Drogerieartikel, Technik und noch so einiges mehr finden Sie in der Annastraße und den angrenzenden Straßen der Fußgängerzone. Schlendern Sie am besten in aller Ruhe durch die Einkaufszone und werfen Sie auch Blicke in die angrenzenden Straßen. Nicht nur Läden, sondern auch Cafés und kleine Restaurants sind dort wie Sand am Meer zu finden.

Wenn Sie möchten, können Sie auch direkt von der Annastraße zur City-Galerie laufen oder umgekehrt. Hierbei überqueren Sie die Maximilianstraße – von den Augsburgern kurz Maxstraße genannt – und schlendern den Judenberg hinab. Kleine exquisite Geschäfte säumen Ihren Weg an den Lechkanälen entlang zur City Galerie. Straßenkünstler sind dort, vor allem im Sommer, oft zu finden und auch Verweilmöglichkeiten finden sich am kleinen Paulus-Brunnen. Dort befindet sich auch Ertls Bittersüß, ein kleines, aber feines Schokoladengeschäft. Doch nicht nur für die süßen Bedürfnisse ist gesorgt, auch die zahlreichen Imbissbuden und gehobeneren Restaurants, die Sie auf Ihrem Weg finden, lassen kaum Wünsche offen.

CITY-GALERIE

Das Einkaufscenter in Augsburg befindet sich in der Nähe des tim und ist bequem mit dem Auto zu erreichen. Eine Einfahrt über die Jakoberwallstraße und eine über die Amagasaki-Allee führen Sie zum Willy-Brandt-Platz 1, der Adresse des Einkaufscenters. Sie parken für einen billigen Tarif von 0,60 Euro pro angefangene Stunde direkt am Center und können nun auf zwei Etagen das Einkaufserlebnis wetterunabhängig genießen. Dazwischen finden sich Fastfood und schnelle Gerichte zum Mitnehmen für den kleinen Mittagshunger. Im Center integriert und über einen Zugang von außen zu erreichen, befindet sich das Augsburger Cinemaxx mit 9 Kinosälen.

DIE MAXSTRAße

Auch in dieser Rubrik ist die Maxstraße eine Erwähnung wert. Wenn Sie den Reiseführer aufmerksam verfolgt haben, wissen Sie, dass sich in der Maxstraße tagsüber ein reger Betrieb von Restaurants, Cafés und Kultur tummelt. Aber auch für die Nachtschwärmer ist die Maxstraße von großer Bedeutung. Hier reiht sich ein Club an den nächsten und als Feiermöglichkeit in der Innenstadt ist die Maxstraße unter den Augsburgern legendär.

DAS KESSELHAUS

In der Riedingerstraße 26i befindet sich das Kessel-
haus – bekannt als eine der besten Partylocations
Augsburgs. Partys unter verschiedenen Mottos finden hier regelmäßig statt, beispielsweise die bekannten 80er oder 90er Partys, aber auch Elektro-
szene, Hip-Hop, Rap und andere Genres der (Tanz-)
Musik veranstalten regelmäßig Events im Kessel-
haus. Alle notwendigen Informationen finden Sie direkt auf der Seite des Kesselhauses (kesselhaus.eu).

www.kesselhaus.eu

Stadtführungen

Was wäre die Touristik in Augsburg, wenn Sie sich immer nur auf Reiseführer wie diesen hier verlassen müssten? Viel interessanter sind geführte Stadttouren, bei denen waschechte Augsburger sich Zeit für Sie nehmen, um Ihnen die Geschichte der Stadt nahezubringen. Hierbei reicht die Fülle an Informationen über (trockene) Fakten bis hin zu Märchen, Sagen und Legenden der damaligen Zeiten. Nicht nur historische oder kulturelle Stadtführungen werden angeboten, sondern beispielsweise auch Erlebnisstadtführungen oder Führungen unter einem bestimmten Motto. Hierfür finden Sie alle Informationen auf der Tourismusseite der Stadt Augsburg (augsburg-tourismus.de/fuehrungen).

Alle Informationen zu den verschiedenen Stadtführungen finden Sie unter:

www.augsburg-tourismus.de/de/fuehrungen

TECHNISCHE STADTFÜHRUNGEN

Das bayerische Umweltkompetenzzentrum Augsburg – was wie ein Zungenbrecher klingt – kümmert sich um Besichtigungen und Führungen, die unter das Cluster Umwelt- und Naturschutz fallen. Sie können einen von vier Pfaden besichtigen. Und selbst, wenn Sie kein Interesse daran haben, eine Besichtigungstour durchzuführen, lohnt es sich, die Flyer auf der Tourismusseite der Stadt einmal in Augenschein zu nehmen. Viele Unternehmen, Gaststätten, Hotels und Ausflugsziele sind Teil der verschiedenen Pfade und so bieten Ihnen die Flyer Inspiration bei der Wahl eines passenden Ausflugsziels für Ihr Vorhaben.

1. Augsburger Umweltpfad – technischer Umweltschutz und Naturschutz

Dieser Pfad bezeichnet sich selbst als Wegweiser zu Einrichtungen und Unternehmen, die sich mit Umweltschutz beschäftigen. Alle diese Unternehmen, die in einer Broschüre detailliert vorgestellt werden, können nach Terminabsprache auch besichtigt werden. Hierzu gehören beispielsweise der Abfallwirtschafts- und Stadtreinigungsbetrieb, das Amt für Grünordnung, Naturschutz und Friedhofswesen, die

Handwerkskammer für Schwaben, das bayerische Landesamt für Umweltschutz, das tim (sehen Sie weiter oben im Kapitel „Museen und Theater"), die Hochschule Augsburg, Fujitsu Siemens Computers GmbH, die Stadtentwässerung und noch viele andere.

2. Augsburger Wasserpfad

Augsburg ist von Kanälen durchzogen. Das Wasserwerk umfasst heute fast 200 Kilometer Gesamtlänge und liefert Strom für über 50.000 Privatpersonen. All dies und noch viel mehr wird auf dem Wasserpfad vorgestellt. Zu besichtigen gibt es verschiedene Kraftwerke, wie das Kraftwerk Proviantbach, das Wasserwerk am Hochablass, die Hessingstiftung, das Kraftwerk Eisenbahnerwehr, die Wassertürme am Roten Tor, aber auch beispielsweise die Augsburger Brunnen an der Maxstraße. Auch zur Trinkwassergewinnung im Augsburger Stadtwald gibt es Informationen zu erfahren und die Olympische Kanuslalomstrecke der Sommerspiele 1972 kann besichtigt werden.

3. Augsburger Energiepfad

Gerade in Zeiten der Klimakrise ist es notwendig, ehrgeizige Ziele bei der CO_2-Reduktion zu verfolgen.

Wie die Stadt Augsburg gemeinsam mit dem Landkreis Augsburg diese Ziele verfolgt, können Sie beim Augsburger Energiepfad erfahren. Lernen Sie Firmen kennen, die sich diesem Ziel verschrieben haben und beispielsweise regenerative Energien produzieren oder verwenden. Die Stadtwerke Augsburg, die WWK Arena (sehen Sie das Kapitel „Sport in Augsburg") oder die Klärwerke gehören ebenso zum Energiepfad wie KUKA Systems GmbH, die Gemeinde Kissing oder Conergy AG und viele andere auch.

4. Augsburger Biopfad

„Augsburg ist Umweltstadt" deklariert der Flyer zum Augsburger Biopfad. Dieser Pfad besteht aus einem Zusammenschluss vieler Bereiche. Einer davon ist der Bereich Lebensmittel. Bioland e.V. ist beispielsweise Mitglied des Biopfads. Aber auch das Naturmuseum Augsburg, die Bäckerei Schubert, der Botanische Garten und der Zoo, die rollende Gemüsekiste und auch eine Reihe von Hotels und Gastronomien, wie das Hotel-Restaurant Bayerischer Wirt, die Waldgaststätte Parkhäusl oder das Romantikhotel Augsburg, sind Teil des Zusammenschlusses. Gerade auf diesem Pfad finden Sie viele Ideen für

Restaurantbesuche, es lohnt sich also ein Blick hinein.

Die Flyer zu den Pfaden bieten eine lange Liste an möglichen Ausflugszielen, Restaurants, Parks etc. Werfen Sie unbedingt einmal einen Blick hinein! www.augsburg-tourismus.de/de/fuehrungen/gruppenfuehrungen/technical-visits

VON TAXI BIS RIKSCHA

Auf der Seite der Augsburg Tourismus GmbH können Sie auch noch andere Rundfahrten und -führungen durch Augsburg entdecken. Beispielsweise wird eine Rundfahrt durch Augsburg per Taxi angeboten. Hier dürfen Sie sich eine Stunde lang von einem versierten Taxifahrer durch Augsburg chauffieren lassen und gleichzeitig in den Genuss einer Fülle von Informationen kommen, ohne auch nur einen Fuß vor den anderen setzen zu müssen. Natürlich gibt es auch die Variante, sich per Rikscha oder E-Bike durch Augsburg zu bewegen. Ein weiteres Highlight bilden sicherlich die Segway-Touren quer durch Augsburg. Mit dem schmalen Gefährt werden Sie mühelos von Ihrem Führer durch die engsten Gassen der Stadt navigiert. Alle Informationen zu den Führungen und zur Buchung finden Sie auf der Seite augsburg-tourismus.de/de/fuehrungen/gruppenfuehrungen/weitere-fuehrungen.

Alle Informationen zu den mobilen Stadtführungen finden Sie unter:
www.augsburg-tourismus.de/de/fuehrungen/gruppenfuehrungen/weitere-fuehrungen

EAT THE WORLD

Eine kulturell-kulinarische Stadtführung durch eine Reihe von Partnerrestaurants. Neben den klassischen Informationen über die Geschichte der Stadt erzählen Ihnen Ihre Führer interessante Details über Land und Leute und Sie kommen in den Genuss, sich exklusiv durch die Stadtküche durchprobieren zu können. Hier können Sie sich beispielsweise über den berühmten Augsburger Stadtmarkt führen lassen oder durchs Augsburger Ulrichsviertel sowie durch die Altstadt. Alle Informationen zu den Führungen und zur Buchung finden Sie auf der Seite

augsburg-tourismus.de/de/fuehrungen/grup-
penfuehrungen/weitere-fuehrungen, oder direkt
unter eat-the-world.com/stadtfuehrung/augsburg.

---

www.eat-the-world.com/stadtfuherung/augsburg

STADTWEGE

Interessieren Sie sich für Mythen? Für Geschichte
und Geheimnisse? Dann ist diese Stadtführung für
Sie perfekt geeignet. Lassen Sie sich ein auf eine Erkundung der historischen Altstadt mit deren Rätseln
und Geheimnissen. Sie besichtigen beispielsweise
die Fuggerstadt und erfahren, wer sich dort im Zwie-
licht herumgetrieben hat und sich nicht an die Re-
geln hielt. Diese Führung ist nicht nur für Touristen
geeignet, sondern auch für alteingesessene Augsburger beinhaltet sie die ein oder andere Überraschung,
die Sie noch nicht kannten. Informationen sind ent-
weder über die Seite augsburg-tourismus.de oder
direkt über die Seite stadtwege.de zu erhalten.

---

www.stadtwege.de

THEATER IM LEBEN

Die etwas andere Stadtführung. Lassen Sie sich von einem professionellen Schauspieler als Brecht, Luther oder in Verkörperung einer anderen Augsburger Persönlichkeit durch die Stadt führen. Sie können wählen zwischen verschiedenen Themen der Stadtführungen und so mehr über Augsburg und seinen Titel als UNESCO-Welterbe-Stadt erfahren sowie über Martin Luther, Bertold Brecht oder Jakob Fugger. Natürlich verkörpert Ihr Stadtführer Florian Kreis auch andere Persönlichkeiten, wie zum Beispiel Rudolf Diesel. Wussten Sie, dass Herr Diesel seinen weltbekannten Motor hier in Augsburg entwickelte? Dort, wo heute die MAN-Werke stehen. Auch über diese Person können Sie auf einer Führung mehr erfahren. Informationen zu diesen Führungen finden Sie direkt auf der Seite theater-im-leben.de.

www.theater-im-leben.de

MUSIKALISCHE WASSERTOUR

Augsburg trägt den Titel UNESCO-Welterbe-Stadt mit Stolz und Recht. Bei dieser Stadtführung liegt der Fokus darauf, Ihnen Augsburgs Wasserstellen und die Geschichte rund um all die Kanäle näher zu bringen. Begleitet wird diese Tour musikalisch mit zum Thema Wasser passenden Liedern. Mehr zur Wassertour erfahren Sie unter sonimages.de/wasser.

www.sonimages.de/wasser

UNESCO WELTERBE

Wenn die Sache mit der Musik Sie nicht anspricht, müssen Sie dennoch nicht auf das Wissen rund um den UNESCO-Welterbe-Titel verzichten. Auch diese Tour steht unter dem Zeichen von Augsburgs Beziehung zum Wasser und umfasst beispielsweise die Kanäle, Wasserräder und die Wassertürme am Roten Tor. Informationen zu dieser Führung finden Sie auf der bekannten Seite: augsburg-tourismus.de/de/fuehrungen.

www.augsburg-tourismus.de/de/fuehrungen

DIE GESCHWÄTZIGE MAGD BÄRBEL

Interessieren Sie sich für das Augsburg der Henker und Huren? Oder möchten Sie mehr über Jakob Fugger oder Martin Luther erfahren? Dies können Sie mit Bärbel erleben. Als Magd aus der Vergangenheit führt sie Sie durch das Augsburg von vor 500 Jahren. Sie plaudert dabei sozusagen aus dem Nähkästchen und Sie lernen die ein oder andere berühmte Augsburger Persönlichkeit aus einem ganz anderen Blickwinkel kennen. Bärbel berichtet über den Alltag einer Magd in den Gassen der Altstadt und wird Ihnen sicherlich Erstaunliches nahebringen können. Zu finden sind Informationen zu Bärbels Stadtführung wie immer auf der Internetseite augsburg-tourismus.de/de/fuehrungen.

www.augsburg-tourismus.de/de/fuehrungen

AUGSBURGER
STADTSPAZIERGÄNGE

Die etwas andere Stadtführung. Wenn Sie sich eigentlich eher nicht so für die Kunst oder Geschichte des mittelalterlichen Augsburgs interessieren, sondern am Hier und Jetzt interessiert sind, könnte dies die richtige Führung für Sie sein. Anders als eine klassische Stadtführung werden bei den Stadtspaziergängen die großen Sehenswürdigkeiten nur am Rande besichtigt. Viel mehr Wert wird auf die Augsburger selbst gelegt, auf die Leute, die hier leben und arbeiten: Sie besichtigen verschiedene Geschäfte – je nach Ausrichtung der Führung beispielsweise Geschäfte für Inneneinrichtung, Restaurants, Handwerkliche Geschäfte, Biershops oder sogar Geschäfte für Vinyl-Schallplatten. Natürlich treffen Sie die Personen, die hinter diesen Läden stehen, persönlich und erfahren etwas über deren Philosophie und „ihr persönliches Augsburg". Auch eine Führung durch die Maxstraße gibt es, bei der Sie die Geschäfte und Händler zwischen den Prachtbrunnen und Diskotheken kennenlernen. Wenn Sie mehr über diese Art der Stadtführung erfahren möchten, können Sie dies auf der Internetseite augsburg-city.de/-

entdecken/stadtspaziergaenge tun.

www.augsburg-city.de/entdecken/stadtspazierga-
enge

ÖFFENTLICHE FÜHRUNGEN

Manche der oben aufgezählten Stadtführungen sind meist nur auf Anfrage buchbar, oft gibt es diese Füh-rungen für mehrere Personen oder für kleine/große Gruppen exklusiv. Aber natürlich sind auch Führun-gen, die Sie allein oder zu zweit machen möchten, über die Internetseite Augsburg-tourismus.de/de/-fuehrungen zugänglich. Hierbei werden Sie direkt auf ein Buchungsportal geleitet, welches alle Infor-mationen der öffentlichen Führungen, wie kurze Be-schreibungen der Führungen, Preise und den Treff-punkt, enthält.

Sport in Augsburg

Augsburg ist Universitätsstadt und zieht damit viele junge Leute an, die hier wohnen, studieren und aktiv sind. Viele Schwimmbäder, Sportstätten und Stadien stehen hierzu zur Verfügung. Bouldern (zum Beispiel in der Blochütte Augsburg), Eislauf, Kanu, Fußball und sogar Golf – nahezu alles lässt sich in Augsburg und Umgebung finden. Für den Tourismus interessante Sportstätten finden Sie in diesem Kapitel. Informationen zu den Sportmöglichkeiten in und um Augsburg herum erhalten Sie auf der Internetseite der Stadt Augsburg: augsburg.de/freizeit/sport.

www.augsburg.de/freizeit/sport

AUGSBURGER EISKANAL

Eröffnet wurde die erste (und einzige) künstlich ge-
schaffene Wildwasserbahn Deutschlands am 23. Mai
1971. Im Zuge der Olympiasommerspiele 1972
wurde der Augsburger Eiskanal umgebaut. Zwar gab
es schon vorher eine Kanustrecke auf demselben Gelände, diese war allerdings für die internationalen
Standards zu leicht. Reste dieses Alten Eiskanals
sind für diejenigen, die wissen, wonach sie suchen
müssen, noch zu erkennen. Bevor der Alte Eiskanal
für die Olympiade erneuert wurde, war es seine Auf-
gabe, das Eis aus den Stadtbächen fernzuhalten. Ge-
schaffen wurden bei dem Neubau sechs verschiedene Wettkampfstrecken mit variierenden Schwie-
rigkeitsstufen. Dies macht es auch Anfängern möglich, auf dem Augsburger Eiskanal das Kanufahren
auszuüben. Informationen zur Benutzung finden Sie
auf der Seite eiskanal-augsburg.de.

www.eiskanal-augsburg.de

RADRENNBAHN AUGSBURG

In der Eisackstraße 14a finden Sie das Velodrom. Diese Halle beherbergt die Radrennbahn. Auf einer 200 Meter langen Ovalbahn aus Holz kann mit speziellen Fahrrädern gefahren werden. Da es nur noch wenige Radrennhallen in Deutschland gibt, sind die Augsburger ziemlich stolz auf ihren Velodrom, in dem auch regelmäßig Veranstaltungen und Trainings stattfinden.

CURT-FRENZEL-STADION

Schon einmal von den Augsburger Panthern gehört? Eishockey wird in Augsburg großgeschrieben. 6.500 Fans versammeln sich regelmäßig im Eisstadion, um den Panthern bei ihren Heimspielen Unterstützung zu leisten. Begonnen hat die Tradition des Eislaufens an dieser Stelle bereits vor 500 Jahren, als die erste Natureisfläche dort eröffnete. 1963 wurde schließlich die erste Kunsteisbahn eingeweiht und überdacht wurde das damalige Freiluftstadion im Jahr 1971, als es auch seinen Namen vom Sponsor und Namensgeber Curt Frenzel, einem Augsburger Verleger, erhielt.

WWK ARENA

Für Fußballfans ein Muss ist das Stadion des FC Augsburg. Als erstes klimaneutrales Stadion wird die benötigte Energie durch Wärmepumpen, Brunnen und einen Bioerdgaskessel erzeugt. Der Beginn dieses Bauwerkes war im Jahr 2007. Die Stadt Augsburg stellte das Grundstück hierzu zur Verfügung. Bis 2011 hieß die Arena übrigens impuls arena, dann bis 2015 SGL arena und erst seit 2015 trägt sie den Namen WWK Arena.

Augsburg und das Wasser

UNESCO-WELTKULTURERBE

Augsburg bewarb sich 2014 um die Anerkennung als Weltkulturerbe. Grund hierfür war und ist das weltweit einmalige Wasserwirtschaftssystem. Die Nutzung des Wassers in und um Augsburg herum begann schon im Mittelalter. Umgeben von drei Flüssen – Lech, Wertach und Singold – gelang es den Ingenieuren und Gelehrten der damaligen Zeit, das Wasser so umzuleiten, dass es im ganzen Stadtgebiet genutzt werden konnte. Der erste schriftliche Beleg des Hochablasses am Lech findet sich im Jahr 1346 und auch das Wasserwerk am Roten Tor, das mit einem Aquädukt verbunden war, welches Lechwasser in der ganzen Stadt verteilte, war seit 1416 in Betrieb. Damit bildet es wohl das älteste Wasserkraftwerk in Mitteleuropa. Fast alle Brunnen der Stadt waren damals mit einem komplexen Rohrleitungssystem ans Wassernetzwerk angeschlossen, um die Trinkwasserversorgung der Bevölkerung sicherzustellen. Hierbei sind besonders der Merkurbrunnen und der Herkulesbrunnen in der Maximilianstraße zu erwähnen. Es wird übrigens behauptet, Augsburg habe mehr Brücken als Venedig. Wenn Sie sich für die weitere Geschichte des Wassers in Augsburg interessieren, informieren Sie sich gerne unter wassersystem-augsburg.de. Auf der Internetseite können Sie alle 22 Objekte, die zum Augsburger Wassersystem gehören, mit einer kurzen Beschreibung einsehen. Beispielsweise das Hochablass-Wehr am Lech, die Lechkanäle, den Galgenablass, das untere Brunnenwerk und viele mehr. Hier finden Sie auch Termine für spezielle Führungen durch die alten und neueren Gebäude, durch den Stadtwald mit seinen Bächen und Kanälen, Führungen für Kinder und spezielle Führungen an den Augsburger Wassertagen. Die

Wassertage finden von Mai bis Oktober statt und fallen jeweils auf den ersten Sonntag im Monat.

www.wassersystem-augsburg.de

AUGSBURGER BRUNNEN

Ob die Prachtbrunnen an der Maxstraße und vor dem Rathaus oder doch lieber die kleineren, überall in Augsburg verteilten Brunnen – Augsburg ist voll von ihnen. Als die drei Prachtbrunnen werden der Augustusbrunnen auf dem Rathausplatz, der Merkurbrunnen und der Herkulesbrunnen bezeichnet. Alle drei Brunnen stehen auf oder an der Maxstraße. Der Augustusbrunnen bildet das Nordende der Straße, die sozusagen in den Rathausplatz mündet, der Merkurbrunnen steht auf Höhe der Kirche St. Moritz. Der Herkulesbrunnen steht in der Nähe des Standesamts und bildet dadurch auch ein sehr beliebtes Fotomotiv.

Parks innerhalb der Stadt

Augsburg besitzt eine Parkfläche, die mehr als 1.300 Fußballfeldern Platz bieten würde. Dies macht Augsburg zu einer der grünsten Städte in Deutschland.

LECH- UND WERTACHAUEN

An Lech und Wertach entlang finden sich für Jogger, Spaziergänger und Radfahrer kilometerlange Strecken, die sie mitten in der Stadt, aber abseits des

Trubels und der Autos genießen können. Hier gibt es auch ausgewiesene Badeflächen und öffentliche Grillplätze.

SIEBENTISCHWALD

Angelegt wurde der Park durch die Stadt bereits im 19. Jahrhundert, dann wurde er immer wieder erweitert, bis er seine heutigen Ausmaße von 27 Hektar erreichte. Die Siebentischanlagen verbinden die Stadt direkt mit dem Siebentischwald. Wenn Sie dort hindurchwandern, machen Sie unbedingt bei Parkhäusl halt. Das kleine Ausflugslokal ist bereits über 100 Jahre alt und ein wahrer Geheimtipp. Wenn Ihnen der Park allein nicht genügt, besuchen Sie doch noch den Zoo oder den Botanischen Garten in direkter Nähe.

WITTELSBACHER PARK

Der Wittelsbacher Park umfasst 18 Hektar Grünfläche. Auch der Rudolf-Diesel-Gedächtnishain und der japanische Steingarten, der 1957 angelegt wurde, gehören zu dieser Grünanlage. Es gibt einen netten

Biergarten, den Sie auf Ihrer Wanderung durch den Park aufsuchen können.

ALTSTADTRING

Die Altstadt ist umgeben vom sogenannten Altstadtring. Sie passieren das Rote Tor, gehen weiter über den Stephinger Graben, durch das Wertachbrucker Tor, am Curt-Frenzel-Stadion vorbei und über den Königsplatz und die Konrad-Adenauer-Allee schließlich zurück zum Roten Tor. Dort finden Sie übrigens auch einen Kräutergarten, der sehr sehenswert ist.

HOFGARTEN

Geöffnet ist der Hofgarten von April bis Ende Oktober jeweils von 8-21 Uhr. Zu finden ist er in der Fronhof 8 und gehört zur ehemaligen Fürstbischöflichen Residenz. Angelegt wurde der Garten von Johann Caspar Bagnato im Zeitraum von 1739 bis 1744. Der Garten gilt als heimlicher Tipp der Augsburger, da er sich mitten im Trubel der Innenstadt befindet und man sich dort für eine Weile zurückziehen und tief durchatmen kann.

WESTPARK

Der Westpark ist das neueste Projekt der Augsburger und soll auf den Flächen der ehemaligen amerikanischen Kasernen im Westen Augsburgs rund um die Bürgermeister-Ackermann-Straße entstehen. Geplant ist ein Gelände mit rund 60 Hektar, welches verschiedene kleinere Parkanlagen umfassen und auch eine Grünbrücke über die B17 beinhalten soll. Wenn Sie sich für diesen Park interessieren, finden Sie alle nötigen Informationen auf der Internetseite sheridanpark.de.

KURHAUS PARK

Da wäre noch der Kurhauspark am Kurhaus in Göggingen. Dieser besticht im französischen Barockstil, kombiniert mit dem Stil eines englischen Landschaftsparks. Hier finden außerdem häufig Kunstausstellungen statt, ein Besuch lohnt sich auf jeden Fall.

UND NOCH MEHR PARKS

Es gibt immer noch eine Handvoll Parks, die sich in Augsburg verstecken. Der **Gögginger Park** beispielsweise oder der **Osterfeldpark** in Kriegshaber mit einem Wasserspielplatz für Kinder. Der **Hochfeldpark** befindet sich innenstadtnah, der **Flößerpark** entsteht im Stadtteil Lechhausen und dann gibt es noch den **Oblatterwall**. Dieser ist an den Resten der alten Stadtbefestigung zu finden. Hier ist beispielsweise auch eine Kahnfahrt möglich. Dieser Park soll auch von Bertold Brecht gerne besucht worden sein. Angeblich küsste er hier seine Jugendliebe zum ersten Mal.

NATURPARK WESTLICHE WÄLDER

Zwar befindet sich der Naturpark Westliche Wälder strenggenommen nicht in Augsburg, er gehört aber natürlich mit dazu, weshalb er in dieser Auflistung nicht fehlen sollte. Als einziger Naturpark in Mittelschwaben umfasst das Areal ca. 122.488 Hektar und erstreckt sich über die Landkreise Augsburg, Unterallgäu, Günzburg, Dillingen an der Donau und Donau-Ries. Donau, Wertach, Schmutter, Mindel und

Flossach begrenzen das Areal und es ist durchzogen von über 1.000 Kilometer umfassenden Wanderwegen. Auf der Internetseite wanderkompass.de/naturpark/naturpark-augsburg finden Sie einige Wandertouren zusammengefasst. Auch für Radfahrer bietet der Naturpark wunderbare Möglichkeiten, beispielsweise am Ufer der Wertach entlang befindet sich ein wunderschöner Radweg.

www.wanderkompass.de/naturpark/naturpark-augsburg

Baden im Sommer

KUHSEE

Der Kuhsee trägt seinen Namen, da dort früher Bauern ihre Tiere zum Tränken hingeführt haben. Er ist idyllisch im Siebentischwald gelegen und ein beliebtes Ziel für alle Augsburger Wasserratten. Natürlich gibt es eine Wasserwacht-Station vor Ort, die am Wochenende besetzt ist, außerdem Grillplätze, Kioske und sogar ein Restaurant. Hier können Sie sich auch Boote leihen, um über den See zu paddeln.

AUTOBAHNSEE

Was erstmal nicht so einladend klingt, ist ein wahres Idyll des Friedens. Der Autobahnsee trägt seinen Namen, da er direkt neben der Autobahnausfahrt der A8 – Augsburg Ost – liegt. Allerdings ist er ringsum durch einen dichten Streifen Bäume abgeschirmt und Sie werden so gut wie nichts von der nahen Verkehrsader bemerken. Auch der Autobahnsee punktet mit Grillplätzen, einer hervorragenden Wasserqualität und dem Versprechen von Entspannung.

NATURFREIBAD HAUNSTETTEN

Im als See angelegten Naturfreibad mitten in der Stadt können Sie im Stadtteil Haunstetten auf 10.000 Quadratmetern Wasserfläche das kühle Nass genießen. Für die sportliche Betätigung vor dem Baden gibt es vor Ort einen Kinderspielplatz und ein Beach-Volleyball-Feld. Auch ein Kiosk ist dort fest installiert.

ILSESEE

Erreichen können Sie den Ilsesee durch die südliche Vorstadt Königsbrunn. Dort gibt es unter anderem eine Tauchbasis, wo Sie das Tauchen professionell begleitet erlernen können. Mehr Informationen hierzu finden Sie direkt unter tauchbasis-ilsesee.de. Aber natürlich gibt es auch am Ilsesee weitflächige Liegewiesen und genug Platz, sodass Taucher und Badegäste sich nicht gegenseitig in die Quere kommen.

> www.tauchbasis-ilsesee.de

BERGHEIMER BAGGERSEE

Westlich von Augsburg, bereits etwas außerhalb, in der Ortschaft Bergheim finden Sie den Bergheimer Baggersee. Dieser See besticht mit seinem natürlich belassenen Idyll und ist ein beliebtes Ziel für Radfahrer, die entlang der Wertach aus der Stadt radeln. Dort am Baggersee kann wunderbar eine Pause eingelegt werden, ehe es dann mit dem Rad weitergeht.

MANDICHOSEE

Der See befindet sich an der Lechstaustufe 23. Zwischen Landsberg am Lech und Augsburg gelegen ist der See ein beliebtes Ausflugsziel und dient als künstlicher Stausee gleichzeitig der Wasserkraftgewinnung. Strenggenommen gehört der Mandichosee zum Landkreis Aichach-Friedberg und ist damit eigentlich nur Nachbar von Augsburg, aber durch die vielfältigen Möglichkeiten des Wassersports am Mandichosee möchte ich Ihnen dieses Ausflugsziel nicht vorenthalten. Sie können dort unter anderem Windsurfen lernen oder mit einem Stad-Up-Paddle auf Entdeckungstour gehen.

www.mandichosee.de

AUGSBURGS FLÜSSE

Wie München seine Isar hat, so hat Augsburg den Lech ...
Waren Sie schon einmal in München und sind über die Isarbrücke in der Nähe des Tiergartens gefahren? Haben Sie all die Menschen gesehen, die sich im Sommer am Isarufer tummeln, um die Füße ins

Wasser zu strecken, gemeinsam zu grillen oder sich einfach den Fluss hinabtreiben zu lassen?

Lech und Wertach – die beiden großen Flüsse Augsburgs – haben ebenfalls so einiges zu bieten für Wanderer, Radfahrer und Badegäste. Vor allem der Lech ist an vielen Stellen sehr flach und naturbelassen und bietet mit seinen Kiesbänken perfekte Spots, um sich in der Sonne zu bräunen und dann im kühlen Flusswasser zu erfrischen.

Beachten Sie bitte, dass viele Abschnitte von Lech und Wertach unter Naturschutz stehen. Es gibt ausgewiesene Badeflächen, Grillplätze und Wander- sowie Fahrradwege, an die Sie sich zum Schutze von Natur und Tieren bitte halten mögen.

Sehenswert sind auch die verschiedenen Staustufen des Lechs, wie beispielsweise die Lechstaustufe 23, an der der Mandichosee gelegen ist.

Events, Märkte und Stadtfeste

FESTE

Zwei Feste im weitesten Sinne finden in Augsburg jährlich statt. Natürlich gibt es noch viele kleine Feste, die ab und zu und meist an verschiedenen Lokalisationen gefeiert werden. Diese sind aber nicht auf ein festes Datum zu begrenzen und sollen so nicht Teil dieses Reiseführers sein.

1. Das Augsburger Frühlingsfest

Jedes Jahr an einem Tag im Mai findet das Frühlingsfest auf dem Rathausplatz statt. Erfahren Sie hier, wie Augsburg als eine Stadt, in der rund 40 % der Einwohner Zuwanderungshintergrund haben, gemeinsam mehr erreicht. Es soll gezeigt werden, dass Augsburg eine Stadt der Vielfalt ist und dass deutsche und nicht-deutsche Organisationen harmonisch zusammenarbeiten und diese Zusammenarbeit für alle Früchte trägt.

2. Das Augsburger Hohe Friedensfest

Als weltweit einzige Stadt mit einem eigenen Feiertag feiert Augsburg jedes Jahr am 8. August das Augsburger Hohe Friedensfest. Ziel dieses Festes ist es, zu beweisen und zu zeigen, dass Frieden existieren kann; dass sich der Kampf um den Frieden lohnt. Hinter diesem Tag steckt einiges an blutiger Geschichte. Der Kampf um den rechten Glauben war, wie alle Glaubenskämpfe, eine Zeit, in der Leid und Tod vorherrschten und zahllose Verbrechen gegen Menschen des „falschen" Glaubens begangen wurden.

Augsburg war damals häufig Ort von Auseinandersetzungen im Streit unter den Christen. Seit 1650 wird jedes Jahr am 8. August das Friedensfest abgehalten, das ursprünglich von Christen protestantischen Glaubens ins Leben gerufen wurde, die damit die Bestimmungen des Westfälischen Friedens (von 1648) und somit das Ende ihrer Ungleichbehandlung feierten.

Heute ist das Augsburger Hohe Friedensfest ein Tag der Hoffnung und des Gedenkens zugleich. Feste Programmpunkte des Festtages sind ein ökumenischer Eröffnungsgottesdienst sowie die Friedenstafel und die Friedensgrüße aller Religionsgemeinschaften.

Auch das Kinderfriedensfest findet seit 1650 jedes Jahr statt. Ausgetragen wird es im Augsburger Zoo und im angrenzenden Botanischen Garten.

STADTMARKT

Ein Markt für Lebensmittel und zugleich eine Sehenswürdigkeit – so wird der Stadtmarkt oft bezeichnet.

Über 100 Händler und Händlerinnen bauen werktags ihre Handelswaren auf. Unter freiem Himmel und in zwei großen Markthallen finden die Augsburger und Besucher alles, was das Herz begehrt. Von Fleisch, Fisch und Antipasti über Käse, Gemüse, Obst und Kräutern – alles finden Sie auf dem Stadtmarkt. Auch kleine Imbissbuden mit Mittagessen finden Sie dort. Der Stadtmarkt ist bunt, laut, voller Gerüche und Eindrücke und ein Platz, der mir das Gefühl vermittelt, hier sei die Welt noch in Ordnung. Ein Platz voller Genuss und Schlemmerei – es lohnt sich.

Sie finden den Stadtmarkt auf dem Gelände der alten Lotzbeck'schen Tabakfabrik. Gekauft wurde das Gelände im Jahr 1927, der Umbau dauerte bis ins Jahr 1930. In der Nacht vom 25. auf den 26. Februar 1944 wurde der Markt durch den Luftangriff der Briten nahezu vollständig zerstört. Erst 1953 war der Wiederaufbau abgeschlossen.

Betreten können Sie den Stadtmarkt beispielsweise von der Fuggerstraße aus oder auf der anderen Seite durch die Annastraße. Geöffnet ist er unter der Woche bis 18 Uhr, samstags bis 14 Uhr. Dann schließt der Markt seine Tore und bereitet sich auf einen neuen Tag vor. Zu beachten ist, dass Hunde auf dem Stadtmarkt nicht erlaubt sind.

PLÄRRER UND DULT

Zweimal im Jahr ist Plärrerzeit, einmal rund um Ostern, der Osterplärrer, und einmal im Herbst, der Herbstplärrer. Das Wort kommt übrigens aus dem Mittelhochdeutschen und bedeutet frei übersetzt „Freier Platz". Händler aus dem Mittelalter konnten dort früher ihre Waren feilbieten, wenn sie keine Konzession für die Märkte innerhalb der Stadtmauern hatten.

Heute ist der Plärrer ein klassisches Volksfest mit Fahrt-Attraktionen, Festzelten, Musik, Tanz und Freude. Ursprünglich wurden der Plärrer und die Dult gemeinsam abgehalten, wenn man dies so nennen kann. Genau genommen wurden die beiden Veranstaltungen ungetrennt als Jahrmarkt gefeiert. Irgendwann entschloss man sich, die Buden und die Feier von den Marktständen zu trennen. Nun findet zwar gleichzeitig mit dem Osterplärrer auch die Osterdult statt, die beiden Veranstaltungen sind aber räumlich getrennt.

Den Plärrer finden Sie auf dem Plärrergelände in der Nähe der Badstraße und des Curt-Frenzel-Stadions. Die Dult hingegen finden Sie zwischen dem Jakobertor und dem Vogeltor neben der City-Galerie.

Hier finden Sie verschiedenste Waren, vom Zwiebelschneider bis zu Heilkräutern und Gewürzen, von Süßigkeiten bis zur selbstgemachten Handwerkskunst.

CHRISTKINDLESMARKT

Augsburgs großer Christkindlesmarkt im Dezember erstreckt sich über den Rathausplatz und die angrenzenden Straßen, wie die Maxstraße, den Fuggerplatz und die Annastraße. Einen detaillierten Lageplan finden Sie auf augsburgerchristkindlesmarkt.com. Der Markt ist einer der ältesten in ganz Deutschland. Zwar heißt er offiziell erst seit 1949 „Christkindlesmarkt", aber schon im 15. Jahrhundert findet er seine Wurzeln.

Es gibt sogar einen speziellen Marktteil nur für Kinder mit einem großen Karussell und einer auf Knopfdruck sprechenden Hexe. Diesen Kinderweihnachtsmarkt finden Sie am Moritzplatz. Teil des Christkindlesmarkts ist auch die Augsburger Märchenstraße. Hierbei wird ein Märchen in mehreren Schaufenstern der Innenstadt dargestellt und mit einem Rätsel verknüpft. Kinder können dabei miträtseln und sogar Preise gewinnen.

Bekannt sein dürfte ebenso das Engelsspiel. 23 junge Augsburgerinnen werden hierfür im Vorfeld ausgesucht und zu kleinen Weihnachtsengeln gemacht. Jeden Freitag, Samstag und Sonntag um 18 Uhr tanzen die Engel vor dem Rathaus, was Sie sich nicht entgehen lassen sollten.

Natürlich gibt es auch eine wunderschöne Krippe auf dem Christkindlesmarkt und das Christkindles-Postamt, in dem die Weihnachtspost abgegeben werden kann. Diese kommt dann beim Empfänger an und trägt einen besonderen Poststempel – nämlich Christkindl, ein Ort in Österreich.

---

www.augsburgerchristkindlesmarkt.com

WEIHNACHTSINSEL

Die Weihnachtsinsel wird von den Augsburgern auch „alternativer Weihnachtsmarkt" genannt. Hier bieten Künstler und Handwerker ihre Waren feil, von kleinsten Puppenhauseinrichtungsgegenständen über Schafwollprodukte bis hin zu handgetöpfertem Geschirr und Bienenwachskerzen – hier schlägt das Künstlerherz höher. Es gehört auch ein kleines Kulturprogramm hinzu, da sich die Weihnachtsinsel am Zeughausplatz befindet und das Zeughaus als Ort der Kunst und Kultur bekannt ist. Sie können den Gang auf die Weihnachtsinsel mit einem Besuch des Augsburger Christkindlesmarktes verbinden. Zu Fuß erreichen Sie beide Märkte ganz bequem in der Innenstadt.

Augsburg ganz privat

Jetzt habe ich Ihnen all die Sehenswürdigkeiten aufgezählt, die Sie im Internet finden können oder die auch in anderen Reiseführern stehen, die Sie sich bei Führungen ansehen oder über die Sie in Museen Näheres erfahren können. Doch Augsburg ist viel mehr als das, es ist die Heimat von Menschen. Und diese Menschen haben alle ihren ganz eigenen Blick auf die Welt.

AM KÖ

Der Augsburger Königsplatz ist vor allem für innerstädtischen Verkehr von Bedeutung. Hier treffen sich mehrere Hauptverkehrsstraßen, Straßenbahnen und Bushaltestellen. Er liegt am Ende der Fußgängerzone und ist eigentlich immer überfüllt – mit Menschen, mit Autos, mit Stimmen.

Doch der Kö kann auch anders, er kann auch ein Ort der Ruhe und der Entspannung sein. Gerade im Sommer tummeln sich viele Menschen um die Eisdielen und Cafés und nicht nur Studenten nutzen die Gelegenheit, sich auf der kleinen Grünfläche in den Schatten der Bäume zu setzen und einfach einmal einen kurzen Moment innezuhalten und durchzuatmen, ehe man sich zurück in den Trubel der Innenstadt wirft. Vom Kö aus gibt es auch eine direkte Verbindung zum Augsburger Hauptbahnhof, die in etwa 10 Minuten zu Fuß gelaufen werden kann. Praktischerweise führt diese vorbei an vielen Einkaufsläden und so kann man das Nützliche gleich mit dem Angenehmen verbinden.

BRAUEREI RIEGELE

Frölichstraße 26

Einen wunderschönen Biergarten hat die Brauerei Riegele im Sommer zu bieten. Aber natürlich nicht nur das, auch ein Wirtshaus gehört mit dazu, welches Sie besuchen können. Hier können Sie sich, egal ob Frühstück, Mittag- oder Abendessen, mit traditioneller bayerischer Küche verwöhnen lassen. Informationen zur Bewirtung bei Riegele finden Sie unter riegele-wirtshaus.de.

Interessieren Sie sich mehr für die Geschichte der alten Augsburger Brauerei? Dann möchte ich Ihnen eine Führung durch die Brauerei ans Herz legen, bei der Sie nicht nur etwas über die 1386 eröffnete Brauerei Riegele, damals unter dem Namen Brauerei zum Goldenen Ross bekannt, erfahren, sondern auch etwas über die verschiedenen Biersorten, Biercocktails und noch viele andere „bierige" Dinge erfahren können.

Auch eine Verkostung der Brauspezialitäten ist bei der Brauerei Riegele möglich, die Sie dann gleich im dazugehörigen Biershop erwerben können.

Auch für Veranstaltungen oder Tagungen ist die Brauerei eingerichtet. So können im alten Brauhaus, welches 2010 aufwendig saniert wurde, in mehreren Tagungsräumen Tagungen, Seminare oder Schulungen abgehalten werden. Das alte Sudhaus ist eine beliebte Lokalisation für Feiern und Geburtstage und bietet Platz für bis zu 200 Gäste.

Natürlich veranstaltet die Brauerei Riegele zum Tag des Deutschen Bieres am 23. April eine wahre Feierlichkeit mit Live-Musik, frisch gezapftem Bier und kostenlosen Brauereiführungen.

Sie finden die Brauerei Riegele mit all ihren Facetten in der Frölichstraße 26, in direkter Nähe zum Hauptbahnhof.

Und vielleicht finden Sie auch die Riegele-Seilbahn, mit der Sie sich vom höchsten Schornstein der Brauerei, der nicht mehr in Betrieb ist, abseilen können, um direkt in den Biergarten zu fliegen.

Viel Spaß in Augsburg!

Natürlich ist dieser Reiseführer keinesfalls vollständig. Je nachdem, wen Sie fragen, werden Sie andere Meinungen dazu bekommen, was in Augsburg wirklich sehenswert ist. Ich habe mit diesem Werk versucht, Ihnen Augsburg auf möglichst vielfältige Art und Weise vorzustellen und nichts auszusparen. Deshalb finden Sie sowohl Informationen zu den klassischen Sehenswürdigkeiten als auch zu Parkanlagen, Stadtführungen oder Restaurants in diesem Werk. Wenn Sie Augsburg wirklich kennenlernen möchten, empfehle ich Ihnen Spontanität.

Ja, machen Sie sich einen Plan, machen Sie vielleicht auch die ein oder andere Stadtführung und besuchen Sie einige der Sehenswürdigkeiten, vielleicht ja auch den Zoo oder das Brauhaus Riegele, aber von Herzen möchte ich Ihnen den Tipp geben: Lassen Sie sich treiben.

Laufen Sie einfach drauf los, schlendern Sie ohne Ziel durch die Innenstadt. Seien Sie nicht auf der Flucht und hetzen Sie nicht von Termin zu Termin. Im Alltag stehen wir schon genug unter Zeitstress, lassen Sie es daher im Urlaub langsamer angehen und seien Sie spontan. Sie lacht ein Laden besonders an? Dann rein da. Sehen Sie sich um, nehmen Sie sich vielleicht auch die Zeit, das ein oder andere Gespräch zu führen. Setzen Sie sich an den Kö, unter die Bäume oder vielleicht an einen der vielen Brunnen und beobachten Sie – die Stadt, die Menschen, die Tiere. Hören Sie zu, atmen Sie tief ein und erleben Sie Augsburg mit all Ihren Sinnen. Fahren Sie doch einmal eine Runde mit der Straßenbahn und betrachten Sie das Augsburg des Alltags durch die Fensterscheiben. Mieten Sie sich ein Fahrrad und lassen Sie die Seele baumeln.

Und fahren Sie auf jeden Fall an den Lech.

Nun bleibt mir nur noch, Ihnen viel Spaß auf Ihrer Erkundung „meiner" Stadt zu wünschen, und ich hoffe, dass Sie Augsburg genauso lieben lernen wie ich.

Herstellung und Verlag:
BoD – Books on Demand, Norderstedt
ISBN: 9783751960717

© Kathrin Mössinger 2020
1. Auflage
Kontakt: Psiana eCom UG/ Berumer Str. 44/ 26844 Jemgum
Covergestaltung: Fenna Larsson
Coverfoto: depositphotos.com

FSC
www.fsc.org

MIX

Papier aus ver-
antwortungsvollen
Quellen
Paper from
responsible sources

FSC® C105338